BEI GRIN MACHT SICH IHR WISSEN BEZAHLT

- Wir veröffentlichen Ihre Hausarbeit, Bachelor- und Masterarbeit
- Ihr eigenes eBook und Buch - weltweit in allen wichtigen Shops
- Verdienen Sie an jedem Verkauf

Jetzt bei www.GRIN.com hochladen und kostenlos publizieren

Bibliografische Information der Deutschen Nationalbibliothek:

Die Deutsche Bibliothek verzeichnet diese Publikation in der Deutschen Nationalbibliografie; detaillierte bibliografische Daten sind im Internet über http://dnb.dnb.de/ abrufbar.

Dieses Werk sowie alle darin enthaltenen einzelnen Beiträge und Abbildungen sind urheberrechtlich geschützt. Jede Verwertung, die nicht ausdrücklich vom Urheberrechtsschutz zugelassen ist, bedarf der vorherigen Zustimmung des Verlages. Das gilt insbesondere für Vervielfältigungen, Bearbeitungen, Übersetzungen, Mikroverfilmungen, Auswertungen durch Datenbanken und für die Einspeicherung und Verarbeitung in elektronische Systeme. Alle Rechte, auch die des auszugsweisen Nachdrucks, der fotomechanischen Wiedergabe (einschließlich Mikrokopie) sowie der Auswertung durch Datenbanken oder ähnliche Einrichtungen, vorbehalten.

Impressum:

Copyright © 2016 GRIN Verlag, Open Publishing GmbH
Druck und Bindung: Books on Demand GmbH, Norderstedt Germany
ISBN: 9783668515338

Dieses Buch bei GRIN:

http://www.grin.com/de/e-book/374414/die-darstellung-und-berechnung-der-jahresabschlussanalyse-und-kostenrechnung

Anonym

Die Darstellung und Berechnung der Jahresabschlussanalyse und Kostenrechnung. Das Controllingverfahren in einem Unternehmen

GRIN Verlag

GRIN - Your knowledge has value

Der GRIN Verlag publiziert seit 1998 wissenschaftliche Arbeiten von Studenten, Hochschullehrern und anderen Akademikern als eBook und gedrucktes Buch. Die Verlagswebsite www.grin.com ist die ideale Plattform zur Veröffentlichung von Hausarbeiten, Abschlussarbeiten, wissenschaftlichen Aufsätzen, Dissertationen und Fachbüchern.

Besuchen Sie uns im Internet:

http://www.grin.com/

http://www.facebook.com/grincom

http://www.twitter.com/grin_com

Deutsche Hochschule für
Prävention und
Gesundheitsmanagement Saarbrücken

Die Darstellung und Berechnung der Jahresabschlussanalyse und Kostenrechnung. Das Controllingverfahren in einem Unternehmen

Fachmodul:	Betriebswirtschaftslehre III
Studiengang:	Fitnessökonomie
Datum Präsenzphase:	05.09.-08.09.2016
Studienort:	Berlin
Semester:	WS 2014

Inhaltsverzeichnis

1. Jahresabschlussanalyse 3

    1.1. Teilanalysen der Jahresabschlussanalyse 3

        1.1.1. Vertikale Strukturanalyse (Passivseite) für 2014 und 2015 3

        1.1.2. Kurzfristige Finanzanalyse für 2014 und 2015 3

        1.1.3. Erfolgsanalyse für 2014 und 2015 4

    1.2. Wirtschaftliche Entwicklung 5

2. Controlling 7

    2.1. Entwicklung eines Kennzahlensystems 7

    2.2. Entwicklung eines Controllingsystems 7

    2.3. Interpretation Controllingsystem 8

3. Kostenrechnung 9

    3.1. Zuschlagskalkulation 9

    3.2Deckungsbeitragsrechnung 10

    3.3Interpretation der Deckungsbeitragssituation 10

4. Literaturverzeichnis 12

5. Abbildungs- und Tabellenverzeichnis 12

    5.1. Abbildungsverzeichnis 12

    5.2. Tabellenverzeichnis 12

1. Jahresabschlussanalyse

1.1. Teilanalysen der Jahresabschlussanalyse

1.1.1. Vertikale Strukturanalyse (Passivseite) für 2014 und 2015

Eigenkapitalquote:
(Eigenkapital : Gesamtkapital) x 100
2014: 1285800 / 2179100 x 100 = 59,01%
2015: 1468000 / 2761800 x 100 = 53,15 %

Fremdkapitalquote:
(Fremdkapital / Gesamtkapital) x 100
2014: 893300 / 2179100 x 100 = 40,99 %
2015: 1293800 / 2761800 x 100 = 46,85 %

Verschuldungsgrad:
(Fremdkapital / Eigenkapital) x 100
2014: 893300 / 1285800 x 100 = 69,47 %
2015: 1293800 / 1468000 x 100 = 88,13 %

Kapitalumschlagshäufigkeit:
Umsatzerlöse / (durchschnittliches) Gesamtkapital
2014: 3.150.257 / 2179100 = 1,44
2015: 3.652.369 / 2761800 = 1,32

1.1.2. Kurzfristige Finanzanalyse für 2014 und 2015

Liquidität 1. Grades:
(Zahlungsmittelbestand : kurzfristige Verbindlichkeiten) x 100
2014: 83500 / 291500 x 100 = 28,64 %
2015: 119100 / 360600 x 100 = 33,03 %

Working capital:
Umlaufvermögen - kurzfristige Verbindlichkeiten

2014: 651,4 − 291,5 = 359,9 €

2015: 662,7 − 360,6 = 302,1 €

Cashflow:

Gewinn + nicht zahlungswirksame Aufwendungen − nicht zahlungswirksame Erträge

→ nicht zahlungswirksame Aufwendungen (Abschreibungen)

2014: 92319,53 + 72250 = 164569,53 €

2015: 182209,49 + 94360 = 276569,49 €

Gewinn: Gesamtkapitalrentabilität= (Gewinn+Fremdkapitalzinsen)/Gesamtkapital x100

→ Umstellen :((Gesamtkapitalrentabilität x Gesamtkapital) /100) − Fremdkapitalzinsen

Gewinn 2014: ((5,23 x 2179100) / 100) − (496500 / 100 x 4,36) = 75019,05

= 113966,93 − 21647,4

= 92319,53 €

Gewinn 2015: ((7,30 x 2761800) / 100) − (832700 / 100 x 2,33) =

= 201611,4 - 19401,91

= 182209,49 €

1.1.3. Erfolgsanalyse für 2014 und 2015

Gewinnänderungsrate:

((Gewinn des Geschäftsjahres / Gewinn des Vorjahres) x 100)) -100

((182209,49 / 92319,53) x 100)-100 = 97,37 %

Eigenkapitalrentabilität:

(Gewinn / Eigenkapital) x 100

2014: 92319,53 / 1285800 x 100 = 7,18 %

2015: 182209,49 / 1468000 x 100 = 12,41 %

Umsatzrentabilität:

(Gewinn / Umsatz) x 100

2014: 92319,53 / 3150257 x 100 = 2,93 %

2015: 182209,49 / 3652369 x 100 = 4,99 %

1.2. Wirtschaftliche Entwicklung

Anhand der Kennzahlen kann man erkennen, dass es keine große Differenz von Eigenkapital zum Fremdkapital gibt. Eine hohe Eigenkapitalquote hat den Vorteil der Unabhängigkeit in Krisensituationen und der Flexibilität des Unternehmers, aber ist gleichzeitig derzeit teurer als Fremdkapital. Bei großem Anteil an Fremdkapital ist der Nachteil, dass man zusätzlich die Fremdkapitalzinsen zahlen muss, die sich dann auf die Rentabilität auswirken. Solange die Fremdkapital geringer als die Gesamtkapitalrentabilität ist alles in Ordnung, weil man somit noch eine gute Verzinsung des Eigenkapitals bekommt. Man sollte hier zur genaueren Interpretation das Hauptziel des Unternehmens heranziehen. Will der Unternehmer Investoren gewinnen und braucht dafür einen hohen Jahresüberschuss oder will er den Jahresüberschuss mindern um Steuern zu sparen. Somit könnte man mehr Fremdkapital aufnehmen, wenn man Steuern sparen will und der Zinssatz günstig liegt.

Die Erhöhung der Fremdkapitalquote von 40,99 auf 46,85% ist in dem Fall mit der Senkung des Fremdkapitalzinssatz eine sinnvolle Lösung.

Der Verschuldungsgrad stieg in einem Jahr von 69,47 auf 88,13%. Viele Banken finden es erstrebenswert, wenn der Verschuldungsgrad bei 100 % liegt. Eine Verteilung von 2:1 ist noch vertretbar, eine Verteilung von 3:1 ist noch zulässig. Somit wurde in diesem Beispiel der Verschuldungsgrad positiv beeinflusst. Je höher der Verschuldungsgrad, desto geringer ist dann die Wahrscheinlichkeit neue Kredite zu bekommen.

Die Kapitalumschlagshäufigkeit wurde von 1,44 auf 1,32 verringert, was ein negatives Zeichen ist. Je höher die Kapitalumschlagshäufigkeit ist, umso mehr Euro werden in das Unternehmen gebracht und desto größer ist die Wahrscheinlichkeit zur Gewinnsteigerung. Diese Kennzahl kann man entweder durch höhere Abverkäufe oder Senkung der Kosten und somit Erhöhung der Gewinnmarge positiv beeinflussen. Beides wirkt sich dann positiv auf die Gesamtrentabilität aus.

Die Barliquidität wird mit 5-10% angestrebt, ein höherer Prozentsatz wäre kontraproduktiv, weil das für eine schlechte Rentabilität spricht. Mit dem Geld könnte man mehr Investitionen tätigen um daraus wieder mehr Gewinn zu bekommen. Des weiteren fallen nie alle Verbindlichkeiten auf einen Zeitpunkt, deshalb reichen 5-10 % aus. Als risikoscheuer Unternehmer kann der Prozentsatz etwas höher liegen, denn manchmal kommen doch unerwartete Zahlungen wie zum Beispiel Reparaturen auf. In diesem Fall jedoch liegt die Barliquidität deutlich über 10 % und steigt sogar in 2015 auf 33 %, was dafür spricht, dass zu wenig Kapital reinvestiert wird und zwar für eine gute Liquidität, jedoch eine dementsprechend im Zielkonflikt stehende schlechte Rentabilität bewirkt. Ebenso kann das Working Capital, als Maßstab für potentielle Liquidität schnell zu hoch liegen und ebenso die Rentabilität negativ beeinflussen. Wenn das Working Capital etwas höher liegt als die kurzfristigen Verbindlichkeiten, ist das sinnvoll, um diesen Zahlungen schnell nachkommen zu können, wenn es stark darüber liegt, muss man sich fragen, ob man nicht zu viel Geld in Kasse, Bank oder Vorräten steckt. Für das Working Capital sind 10% mehr als die kurzfristigen Verbindlichkeiten hoch sind noch vertretbar. Falls wie in diesem Fall höher liegt kann man es durch Bestandsoptimierung der Vorratsbestände, Senkung der Forderungsbestände durch kürzere Zahlungsziele und Verhandeln längerer Zahlungsziele bei den Lieferanten senken.

Die Eigenkapitalrentabilität ist von 7,81 auf 12,41% gestiegen. Dadurch dass man allerdings die Eigenkapitalrentabilität positiv durch das bilanzpolitische Wahlrecht manipulieren kann, ist die Umsatzrentabilität aussagekräftiger. Die Steigerung der Umsatzrentabilität liegt generell noch sehr gering in diesem Beispiel und sagt aus, wie viel vom Umsatz als Gewinn übrig bleibt. Hierbei ist ein einem Jahr eine Steigerung von 2,93 auf 4,99 % zu sehen, was generell für eine positive Entwicklung spricht. Da man aber nicht weiß, um was für ein Unternehmen es sich handelt, gibt es keine generelle Richtlinie, denn die Rendite ist von Branche zu Branche sehr unterschiedlich.

Eine positive Gewinnänderungsrate spricht bei 99,37 % für eine annähernde Verdoppelung des Gewinns des Vorjahres 2014.

Insgesamt ergibt das eine Differenz von 89889,96 € Gewinn im Vergleich zum Vorjahr, was darauf schließen lässt, dass das Unternehmen eine positive Entwicklung nimmt.

Die Steigerung der Gesamtkapitalrentabilität um 2,07% spricht ebenfalls positiv für das Unternehmen. Die Erhöhung der Abschreibungen mit gleichzeitiger Erhöhung der Sachanlagen lässt darauf schließen, dass Investitionen getätigt wurden und kommen somit dem Ziel der Rentabilität nach.

2. Controlling

2.1. Entwicklung eines Kennzahlensystems

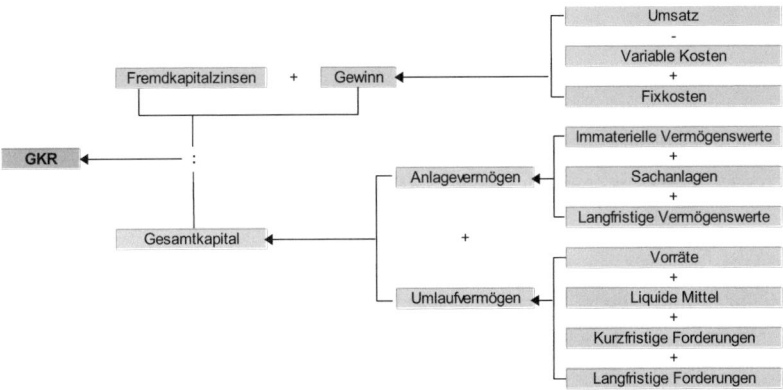

Abb. 1: Kennzahlensystem

2.2. Entwicklung eines Controllingsystems

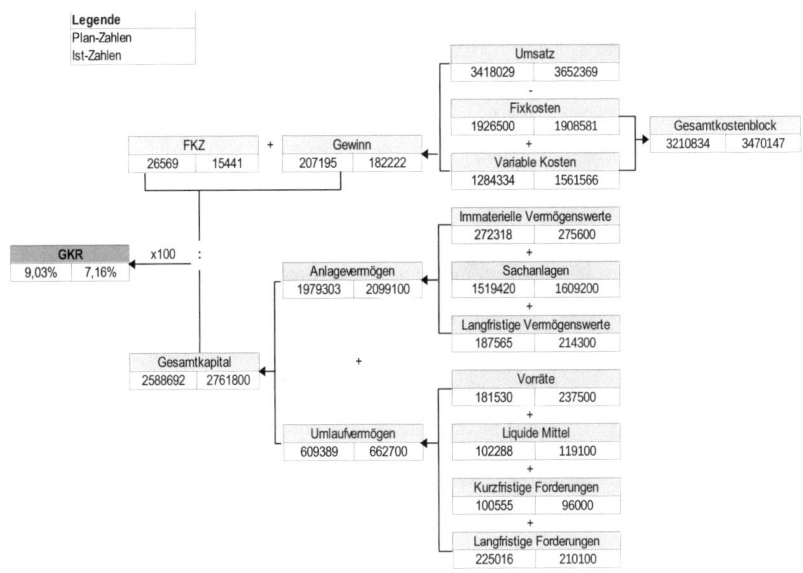

Abb. 2: Controllingsystem

2.3. Interpretation Controllingsystem

Wenn man sich die Werte im Controllingsystem näher ansieht, so kann man erkennen, dass die zentrale Kennzahl der Gesamtkapitalrentabilität einen geringeren Prozentsatz als die Planzahl aufweist. Das bedeutet eine geringere Wirtschaftlichkeit und erfordert Gegenmaßnahmen. Da die Ist-Zahl des Gesamtkapitals höher liegt als die Plan-Zahl, und die Fremdkapitalzinsen sich nicht übermäßig verändert haben, liegen die Ursachen mit hoher Wahrscheinlichkeit im Gewinn. Hier ist eine Zielunterschreitung von 24.973 € zu verzeichnen. Des weiteren ist zu erkennen, dass der Umsatz dabei nicht die Fehlerursache sein kann, da laut der Berechnung 234.340 € mehr Umsatz als geplant gemacht wurde. Also sind in dem Jahr in logischer Schlussfolgerung das Defizit an Gewinn durch die hohen Kosten entstanden, spezifisch den variablen Kosten. Diese liegen 277.232 € über der Plan-Zahl. Mögliche Ursachen hierfür können konjunkturbedingte Preisschwankungen am Beschaffungsmarkt sein. Allerdings kann auch eine unrealistische Planung die Ursache für die Abweichungen darstellen. Im Controlling werden Abweichungen vor allem unter dem Gesichtspunkt der Erklärung von Abweichungsursachen analysiert, man unterteilt dabei in Verbrauchs-, Beschäftigungs,- Intensitäts- und andere Abweichungen (Haberstock, 1986; zitiert nach Vetschera, 1993). Die variablen Kosten sind meist von der Beschäftigung und Auslastung abhängig. Abweichungen der Soll- und Ist-Zahlen können zum Beispiel eintreten, wenn die Planwerte nicht regelmäßig angepasst und aktualisiert werden. Teils kann der Fehler schon in der Aufbereitung des Zahlenmaterials liegen. Eventuell sind die falschen Instrumente zur Bestimmung der Entwicklung des Marktes gewählt worden. Es muss darauf geachtet werden, dass Soll- und Ist-Zahlen nach gleichen Standards aufbearbeitet worden sind. Die Fehleinschätzung der vorhandenen Daten kann auch eine Fehlerquelle darstellen. Wenn beispielsweise geringere Kosten angefallen sind, diese allerdings nur durch ein Aufschieben von Investitionen in den nächsten Monat bzw. die nächste Periode fallen, muss das in der Hochrechnung berücksichtigt werden.

Die Fehler können sowohl in der Planung, als auch in der Realisation der Vorhaben oder in der Auswertung liegen. Unvorhergesehene Zufallsereignisse z.B Wirtschaftskrisen oder Markteinbrüche führen zu nicht kontrollierbaren Abweichungen und sind nicht zu vermeiden.

3. Kostenrechnung

3.1. Zuschlagskalkulation

Tab. 1: Zuschlagskalkulation der Sportuhr

	In Euro		In %
Listeneinkaufspreis (netto)		69,50 €	
- Rabatt		1,67 €	2,4 %
= Zieleinkaufpreis		67,83 €	
-Skonto		0,68 €	1,0 %
= Bareinkaufspreis		67,15 €	
+ Bezugskosten (Versand)		0,75€	1,12 %
= Bezugspreis/ Einstandspreis		67,90 €	
+ Handlungskosten	67,90 x 63,14 /100 =	42,87 €	63,14 %
= Selbstkosten		110,77	
+ Gewinn	110,77 x 35,5 / 100 =	39,32 €	35,5 %
= Barverkaufspreis		150,09 €	
+ Skonto	150,09 x 1 / 99 =	1,52 €	1,0 %
= Zielverkaufspreis (97)		151,61 €	
+ Rabatt	151,61 x 3 / 97 =	4,69 €	3,0 %
= Listenverkaufspreis (netto)		156,30 €	
= Verkaufspreis (brutto)		__186,00 €__	19 %

Handlungskostenzuschlag:

= Gemeinkosten / Einzelkosten x 100

GK: Mietkosten   90100,00 €

         + Versicherungskosten   4096,00 €

         + Personalkosten   72690,00 €

         + Vertriebskosten   5240,00 €

         Gesamtkosten   172126,00 €

EK: Wareneinsatzkosten   272600,00 €

= 172126 / 272600 x 100

= 63,14 %

Antwort: Der Bruttoverkaufspreis des neuen Produktes muss mindestens 186,00 € betragen, sodass alle Kosten gedeckt werden.

3.2. Deckungsbeitragsrechnung

Kaufinteressenten/ Monat	240
Interessenten Laufbandanalyse	80
Käufer, die Laufbandanalyse nutzen	56
Mitarbeiterkosten (Provision 5€)	280
Käufer (zahlen 50% der Laufbandanalyse)	
Nicht-Käufer (zahlen 100% der Laufbandanalyse)	
Miet- und Nebenkosten	
Gesamtfläche in m²	1200
Fläche der Laufbandanalyse in m²	20
Miete in €/Monat	8900
Nebenkosten (5% der Miete) in €/Monat	445
Flächenkosten Laufbandanalyse in €	155,92
(8900+455) /1200 x 20	
Anschaffungskosten bei 6 Jahren Abschreibungszeit in €	3850
Kosten in €/ Monat (3850 / (6 x 12))	53,47
Fixkosten (Miete+Mitarbeiterkosten+Anschaffung) in €	489,39
Deckungsbeitragsrechnung	
Teilumsatz – direkt zurechenbare Kosten= Deckungsbeitrag	
489,39/ (24 + (56 x 0,5))	**9,41 €**

Abb. 3: Rechnung des Deckungsbeitrags der Laufbandanalyse

Die Laufbandanalyse muss bei 9,41€ netto Deckungsbeitrag mindestens **11,20€** brutto kosten, um alle Kosten zu decken.

3.3. Interpretation der Deckungsbeitragssituation

Der Deckungsbeitrag 1 beschreibt die Gewinnmarge, d.h, die Differenz zwischen den Erlösen des jeweiligen Teilbereiches eines Unternehmens und allen dafür aufgebrachten variablen Kosten. Der Gewinn kann auch zum Teil zur Deckung der Fixkosten verwendet werden. Wenn der Deckungsbeitrag 1 positiv ist, bedeutet das, dass die variablen Kosten die zur Instandhaltung der Leistung benötigt werden gedeckt sind. Wenn der Deckungsbeitrag 2 nicht gedeckt ist, dann heißt das, dass die Fixkosten nicht gedeckt wurden. Da allerdings die Fixkosten für das Unternehmen immer anfallen würden, selbst wenn dieser Bereich aufgegeben würde, ist es nicht nicht von Nöten diesen Teilbereich sofort aufzugeben. Solange der Deckungsbeitrag 2 nicht weniger Gewinn macht, als er

Fixkosten verursacht, kann man den Bereich beibehalten. Bestimmte Produkte oder Dienstleistungen mit negativem Deckungsbeitrag können auch zu Folgekäufen anregen und somit zu einem positiven Gesamtergebnis beitragen und könnten eventuell gewinnbringend wirken.

4 Literaturverzeichnis

Vetschera, R. (1993). Zur Konsistenz von Abweichungsanalysen in hierarchischen Kennzahlensystemen. In Econstor (Hrsg.) *Deutsche Zentralbibliothek für Wirtschaftswissenschaften, ZBW* (S. 1-24). Fakultät für Wirtschaftswissenschaften und Statistik, Universität Konstanz: Konstanz.

5 Abbildungs- und Tabellenverzeichnis

5.1 Abbildungsverzeichnis

Abb. 1: Kennzahlensystem 7
Abb. 2: Controllingsystem 7
Abb. 3: Rechnung des Deckungsbeitrags der Laufbandanalyse 10

5.2 Tabellenverzeichnis

Tab. 1: Zuschlagskalkulation der Sportuhr 9

BEI GRIN MACHT SICH IHR WISSEN BEZAHLT

- Wir veröffentlichen Ihre Hausarbeit, Bachelor- und Masterarbeit

- Ihr eigenes eBook und Buch - weltweit in allen wichtigen Shops

- Verdienen Sie an jedem Verkauf

Jetzt bei www.GRIN.com hochladen und kostenlos publizieren